COMMENTAIRE PRATIQUE

DE LA LOI DU 17 AOUT 1917

SUR LA

RÉSILIATION DES BAUX RURAUX

PAR SUITE DE LA GUERRE

PAR

Charles HUGON

ANCIEN NOTAIRE

JUGE DE PAIX A BESANÇON

A l'usage des Juges et Greffiers de Paix, Avocats, Avoués, Notaires
et Huissiers, ainsi que des propriétaires et fermiers
d'immeubles ruraux

BESANÇON

IMPRIMERIE ET LITHOGRAPHIE MILLOT FRÈRES
20, RUE GAMBETTA, 20

1917

COMMENTAIRE PRATIQUE

DE LA LOI DU 17 AOUT 1917

SUR LA

RÉSILIATION DES BAUX RURAUX

PAR SUITE DE LA GUERRE

PAR

Charles HUGON

ANCIEN NOTAIRE

JUGE DE PAIX A BESANÇON

———

A l'usage des Juges et Greffiers de Paix, Avocats, Avoués, Notaires
et Huissiers, ainsi que des propriétaires et fermiers
d'immeubles ruraux

BESANÇON

IMPRIMERIE ET LITHOGRAPHIE MILLOT FRÈRES
20, RUE GAMBETTA, 20

—

1917

NOTE DE L'AUTEUR

*La loi du 17 août 1917 est une loi de **circonstance**, dont l'interprétation et l'application pourront donner lieu à de sérieuses difficultés, en raison des formalités nombreuses et compliquées qu'elle prescrit et des connaissances juridiques qu'elle exige des Présidents des Commissions arbitrales.*

Le législateur a néanmoins confié le soin de l'interpréter et de l'appliquer aux magistrats cantonaux qui, flattés de la confiance dont ils sont investis, apporteront sans nul doute, dans ce soin, suivant la tradition, de même qu'en toutes les autres et si nombreuses matières, dont la connaissance leur a été dévolue pendant la guerre, sans aucune indemnité améliorant leur infime traitement, toute la conscience et tout le dévouement désintéressé dont ils sont susceptibles.

Ils auront à cœur de démontrer qu'ils ne sont pas au-dessous de la tâche qui est exigée d'eux, pas plus pour l'application de cette nouvelle loi, qu'ils ne l'ont été pour celle des décrets moratoires, pour laquelle leur insuffisance a été pourtant proclamée à la tribune par certains députés — très rares, il est vrai — sans qu'ils ne se soient émus, et à juste titre, de cette appréciation, aussi blessante qu'injustifiée, pour la plus grande majorité d'entre eux.

Ce commentaire a pour but de prévoir et d'aplanir autant que possible les difficultés prévues. Il a été fait à la hâte, en raison du court délai édicté pour le cas de décès, prévu en l'article premier de la loi. Aussi pourra-t-il contenir des oublis ou même des erreurs.

La sagesse de nos collègues suppléera aux uns et redressera les autres et nous faisons appel, s'ils ont à en constater, à leur indulgence confraternelle pour nous excuser, en invoquant, comme circonstance atténuante, le désir que nous avons eu de les renseigner très vite et de leur éviter, pour la solution de bien des questions, des recherches laborieuses.

La raison qui nous a engagé à publier ce petit ouvrage, c'est la faveur obtenue auprès d'eux par notre commentaire de la circulaire de M. le Garde des Sceaux sur les décrets moratoires, du 15 février 1916.

Puisque, selon l'adage latin : Habent sua fata libelli, les livres, et qu'on nous pardonne l'assimilation que nous donnons à ce petit opuscule, ont leur destin, nous ne pouvons que souhaiter pour lui le sort qui a été réservé au précédent.

Ch. H.

LOI

Concernant la résiliation des baux ruraux par suite de la guerre

Le Sénat et la Chambre des députés ont adopté,

Le Président de la République promulgue la loi dont la teneur suit :

ARTICLE PREMIER. — Les baux ruraux antérieurs au 1er août 1914 sont soumis aux dispositions exceptionnelles ci-après, sans préjudice des règles édictées par le droit commun ou par les conventions.

Les dispositions de la présente loi peuvent également être invoquées, même pour des baux postérieurs au 1er août 1914 :

1º Par les réfugiés des départements envahis ;

2º Par les preneurs de biens ruraux appelés sous les drapeaux en vertu de lois et décrets postérieurs au 1er août 1914 ou par leurs ayants droit ;

3º Par les hommes engagés postérieurement au 1er août 1914 ou par leurs ayants droit.

ART. 2. — En cas de décès du preneur d'un bien rural, tué à l'ennemi ou décédé des suites de blessures reçues ou de maladie contractée ou aggravée sous les drapeaux, ses héritiers peuvent demander la résiliation du bail, par une déclaration faite, d'une part, au bailleur même mobilisé, par lettre recommandée avec avis de réception ; d'autre part, au Greffe de la Justice de paix, où elle sera consignée sur un registre spécial et transmise au bailleur par les soins du Greffe.

Cette déclaration sera faite, à peine de forclusion, au plus tard dans les trois mois qui suivront la promulgation de la présente loi, le décès ou l'avis officiel de décès.

Il n'est point dérogé à l'article 6 de la loi du 18 juillet 1889.

La faculté énoncée au paragraphe 1er du présent article appartient au preneur d'un bail rural vis-à-vis du bailleur non mobilisé, lorsque, par suite de blessures reçues ou de maladie contractée ou aggravée sous les drapeaux, il a été placé dans la position de réforme et n'est plus en état de continuer l'exploitation de l'immeuble loué. En ce cas, la déclaration prévue au paragraphe précédent sera faite, à peine de forclusion, au plus tard dans les trois mois qui suivront la promulgation de la présente loi ou la date de la mise en réforme.

La même faculté existe, enfin, dans les conditions ci-dessus : 1° pour le preneur, lorsque les blessures ou la maladie proviennent de faits de guerre, sans qu'il ait été présent sous les drapeaux. Le preneur doit justifier alors que les blessures ou la maladie l'ont mis dans l'impossibilité de continuer l'exploitation de l'immeuble loué ; 2° pour la veuve ou les héritiers du preneur, lorsque le décès du preneur provient de faits de guerre sans qu'il ait été présent sous les drapeaux. Le délai pour la déclaration sera de six mois et partira soit de la promulgation de la présente loi, soit, en cas de maladie ou de blessure, du jour où l'incapacité sera devenue définitive. En cas de décès, le délai ne sera que de trois mois, à partir de cet événement.

Dans tous les cas déterminés ci-dessus, la résiliation aura lieu de plein droit et sans indemnité.

Toutefois, si le propriétaire établit qu'il avait effectué dans les lieux loués des aménagements exceptionnels qu'il devait amortir par le prix et la durée du bail, la Commission arbitrale pourra, en tenant compte de la situation de fortune des parties, décider que la résiliation aura lieu moyennant une indemnité dont elle fixera le montant.

La résiliation aura son effet à l'expiration d'un terme d'usage, en observant les délais ordinaires des congés, sans que ceux-ci puissent excéder une année.

Art. 3. — La résiliation est prononcée sans indemnité, sur la demande de la femme, des enfants ou, à leur défaut, des ascendants des preneurs appelés sous les drapeaux, dont la disparition a été officiellement constatée.

La déclaration prévue à l'article 2 doit alors être faite, à peine de forclusion, dans les six mois de l'avis officiel de disparition donné par le ministère de la guerre.

Si l'avis est antérieur à la promulgation de la présente loi, la déclaration devra être faite dans le délai de six mois, à dater de ladite promulgation.

Art. 4. — Dans les six mois qui suivront le retour du preneur dans ses foyers, après la cessation des hostilités, celui-ci pourra demander, par simple déclaration, comme à l'article précédent, la résiliation du bail, à charge par lui d'établir, en cas de contestation, que, par suite de blessures ou de maladie contractée sous les drapeaux, ou de faits de guerre sans qu'il ait été présent sous les drapeaux, il n'est plus en état de continuer l'exploitation de l'immeuble loué ; la résiliation aura lieu sans indemnité, sauf le cas visé à l'avant-dernier alinéa de l'article 2.

Art. 5. — Tout preneur de bien rural, même non mobilisé, pourra, dans les mêmes formes, indépendamment des cas de résiliation prévus tant par le droit commun que par la présente loi, obtenir une remise ou une réduction sur les fermages et redevances diverses échus pendant la guerre et dans l'année qui suivra la cessation des hostilités, s'il a subi, du fait de la guerre, des pertes entraînant un déficit dans l'ensemble de son exploitation.

Art. 6. — Les articles précédents sont applicables au colonat partiaire ou métayage, sans préjudice des dispositions de l'article 6, alinéa 2, de la loi du 18 juillet 1889, en tant qu'elles auraient pour effet de mettre fin au bail à une date antérieure à celle fixée par les articles ci-dessus.

Art. 7. — Les dispositions de la présente loi sont applicables aux baux de pêche ou de chasse ainsi qu'à toute location consentie à des particuliers ou à des sociétés de pêche ou de chasse sur les fleuves, rivières, canaux, qu'ils soient ou non navigables ou flottables, et sur les ruisseaux, lacs, mares ou étangs.

La durée des amodiations de pêche pourra être prorogée, aux conditions desdites amodiations, pour un délai qui ne pourra dépasser la durée des hostilités.

Cette prorogation sera accordée par la Commission arbitrale.

Art. 8. — Les clauses du bail qui seraient contraires aux dispositions de la présente loi ne feront pas obstacle à ce qu'il soit résilié sans indemnité et ne pourront avoir pour effet de retarder l'époque où il prendra fin.

Art. 9. — Toutes les contestations auxquelles la présente loi donnera lieu seront, quel que soit leur chiffre, jugées par une Commission arbitrale spéciale siégeant au chef-lieu de chaque canton.

Cette Commission, présidée par le Juge de paix, sera composée de deux propriétaires ruraux et de deux fermiers ou métayers habitant le canton, désignés par voie de tirage au sort.

Art. 10. — A défaut par le bailleur de contester, dans le mois de la réception de la lettre recommandée ou de la déclaration au Greffe prévues par l'article 2, la demande de résiliation faite par le preneur, cette résiliation sera acquise à ce dernier.

En cas de contestation, il sera procédé au préliminaire de

conciliation prévu par l'article 17 de la loi du 26 mai 1838, modifiée par celle du 2 mai 1855.

Faute par les parties de se concilier, le défendeur sera cité devant la Commission arbitrale par lettre recommandée avec avis de réception. A défaut d'avis de réception, le défendeur sera cité par exploit.

Les témoins seront cités dans les mêmes formes. La Commission arbitrale statuera à la majorité en dernier ressort.

Les réductions ou remises de fermages ou redevances devront toujours être prononcées par la Commission arbitrale. Les demandes de cette nature seront soumises au préliminaire de conciliation prévu au deuxième alinéa du présent article.

ART. 11. — Dans chaque commune, sur convocation du préfet et dans les quinze jours qui suivront la promulgation de la présente loi, le conseil municipal dressera une liste de propriétaires ruraux et une liste de fermiers, métayers et preneurs de biens ruraux de la commune, à raison pour chacune d'elles d'un membre pour cinq cents habitants ou au-dessous, sans que le total puisse dépasser dix.

Les femmes propriétaires ou preneuses de biens ruraux, âgées de vingt-cinq ans au moins, peuvent être inscrites sur ces listes.

Les listes seront dressées chacune en deux exemplaires, dont l'un restera déposé à la mairie et dont l'autre devra être transmis dans le délai fixé par l'arrêté de convocation au Juge de paix qui, huit jours au moins avant l'ouverture de chaque session, procédera, en audience publique et sur l'ensemble des noms portés sur les listes des communes du canton, au tirage au sort des membres de la Commission arbitrale. Un suppléant pour chaque liste sera désigné dans les mêmes conditions.

La composition de la Commission arbitrale, ainsi tirée au sort, sera affichée au Greffe de la Justice de paix trois jours au moins avant l'ouverture de la session, afin que les intéressés puissent en prendre connaissance

Le Juge de paix fixera la date d'ouverture de chaque session. Chacune d'elles durera jusqu'à épuisement des affaires inscrites au rôle.

Le Juge de paix convoquera les membres de la Commission arbitrale et leurs suppléants.

ART. 12. — Les assesseurs pourront être récusés :

1° S'ils ont un intérêt personnel dans la contestation ;

2° S'ils sont parents ou alliés de l'une des parties en ligne directe ou collatérale jusqu'au quatrième degré inclusivement ;

3° Si, dans l'année qui a précédé, il y a eu une action judiciaire civile ou criminelle entre eux et l'une des parties ou son conjoint ou ses parents ou alliés en ligne directe ;

4° S'ils ont donné un avis écrit dans l'affaire ;

5° S'ils sont patrons, ouvriers, employés, bailleurs ou preneurs de l'une des parties en cause ;

6° Si, au cours de la guerre, ils ont fait expulser un ou plusieurs fermiers, métayers ou preneurs de biens ruraux pour non-payement de leurs fermages ou redevances ;

7° S'ils n'ont pas encore réglé définitivement leur situation avec leur propriétaire.

La partie qui voudra récuser un assesseur sera tenue de former la récusation avant tout débat et d'en exposer les motifs dans une déclaration qu'elle remettra, revêtue de sa signature, au Greffe de la Justice de paix. Il sera statué sans délai par le Juge de paix, dont la décision sera en dernier ressort.

Art. 13. — Le Juge de paix prononcera sur les causes d'empêchement que proposeront les assesseurs.

En cas d'absence, d'empêchement ou de récusation de l'un des assesseurs, il sera procédé, dans les formes prévues à l'article 11, à la nomination d'un nouveau suppléant.

En cas de non comparution, sans cause jugée valable, l'assesseur pourra être condamné par le tribunal correctionnel à une amende de cent francs (100 fr.) au moins, et de trois cents francs (300 fr.) au plus, sous réserve de l'application de l'article 463 du code pénal.

Avant d'entrer en fonctions, les assesseurs prêteront individuellement, devant le Président de la Commission, le serment de remplir leurs fonctions avec zèle et intégrité, et de garder le secret des délibérations.

Ils affirmeront également, sous la foi du serment, qu'il n'existe à leur connaissance aucune des causes de récusation prévues par l'article 12 et pouvant leur être opposées.

Les assesseurs recevront les indemnités de déplacement et de séjour prévues pour les membres du jury criminel par les lois des 19 mars 1907 et 17 juillet 1908 et le décret du 18 juin 1911.

Art. 14. — Le greffier de la Justice de paix remplit les fonctions de secrétaire. Ses émoluments sont ceux fixés par la loi du 27 mars 1907.

Art. 15. — Si l'une des parties ne se présente pas, la décision est rendue par défaut. Avis lui en est donné dans les trois jours par lettre recommandée avec avis de réception.

L'opposition ne sera recevable que dans la quinzaine de la

date de l'avis de réception de la lettre recommandée. Elle aura lieu par une déclaration au Greffe. Il en sera délivré récépissé. Avis sera donné de cette déclaration à la partie intéressée par lettre recommandée.

Les délais seront comptés et augmentés conformément aux dispositions de l'article 1003 du code de procédure civile.

Art. 16. — Les parties devront comparaître en personne et pourront se faire assister par un membre de leur famille, parent ou allié, par un avocat régulièrement inscrit ou par un officier ministériel dans sa circonscription. En cas d'excuse jugée valable, elles pourront se faire représenter par les personnes ci-dessus mentionnées. Si le représentant est un membre de la famille ou un officier ministériel autre qu'un avoué, il devra être porteur d'un pouvoir sur papier non timbré, dispensé de la formalité de l'enregistrement, avec signature légalisée.

Il ne pourra être présenté que de simples observations ou conclusions.

L'assistance judiciaire pourra être accordée aux parties par le bureau d'assistance judiciaire prévu à l'article 3, alinéa 1er, de la loi du 10 juillet 1901.

Les audiences seront publiques. Toutefois, la Commission arbitrale devra ordonner, sur la demande de l'une des parties, que les débats auront lieu en chambre du conseil.

S'il y a litige sur le fond du droit ou sur les qualités des réclamants, la Commission réglera les questions de résiliation, de remise ou de réduction dont elle aura été saisie et renverra pour le surplus les parties à se pourvoir devant le tribunal compétent.

La décision sera sommairement motivée ; elle sera toujours rendue en audience publique.

Elle comportera la formule exécutoire prévue par les articles 146 et 545 du code de procédure civile.

La reproduction des débats par la voie de la presse est interdite sous peine de l'amende édictée par l'article 39 de la loi du 29 juillet 1881.

Les pouvoirs conférés aux tribunaux en matière d'autorisation maritale seront dévolus aux Juges de paix pour l'application de la présente loi

Art. 17. — Les décisions rendues entre le bailleur et le preneur seront acquises de plein droit à la caution.

Le ou les preneurs solidaires bénéficieront de la décision rendue à l'égard d'un ou de plusieurs d'entre eux par la Commission arbitrale.

S'il y a une caution ou des preneurs solidaires, la décision ne pourra d'ailleurs être rendue par ladite Commission qu'eux dûment appelés ou représentés.

ART. 18. — Les décisions des Commissions arbitrales pourront être attaquées par la voie du recours en cassation, pour incompétence, excès de pouvoir ou violation de la loi.

Le pourvoi sera formé au plus tard le quinzième jour, à dater de la notification prévue par l'article 15, par déclaration au Greffe de la Justice de paix où la décision aura été rendue et notifiée, à peine de déchéance, dans la quinzaine, par exploit d'huissier.

Dans la quinzaine de cette dernière notification, les pièces seront adressées à la Cour de cassation. Aucune amende ne sera consignée.

Le pourvoi sera porté directement devant la Chambre civile.

Lorsqu'une décision aura été cassée, l'affaire sera renvoyée devant la Commission arbitrale d'un canton voisin.

ART. 19. — Le greffier tiendra registre sur papier non timbré, coté et paraphé par le président, pour mentionner tous les actes d'une nature quelconque, décisions et formalités auxquelles donne lieu l'exécution de la présente loi et dont l'inobservation est de nature à motiver le pourvoi prévu à l'article 18.

Les copies pour extraits certifiés conformes seront, en cas de pourvoi, jointes au dossier.

ART. 20. — Les décisions, ainsi que les extraits, copies ou expéditions qui en seront délivrés, et généralement tous les actes de procédure auxquels donnera lieu l'application de la présente loi seront visés pour timbre et enregistrés gratis. Ils porteront la mention expresse qu'ils sont faits en exécution de la présente loi.

Toutefois, au cas où les parties produiraient, à l'appui de leurs prétentions, soit des actes non enregistrés et qui seraient du nombre de ceux dont les lois ordonnent l'enregistrement dans un délai déterminé, soit des actes et titres rédigés sur papier non timbré, contrairement aux prescriptions des lois sur le timbre, la Commission arbitrale devrait, conformément à l'article 16 de la loi du 23 août 1871, ordonner d'office le dépôt au Greffe de ces actes pour être immédiatement soumis à la formalité de l'enregistrement et du timbre.

ART. 21. — En cas de plainte en prévarication contre les membres de la Commission arbitrale, il sera procédé contre eux, suivant la forme établie à l'égard des juges par l'article 483 du code d'instruction criminelle.

Demeurent applicables les articles du code de procédure civile relatifs à la procédure devant les justices de paix, en tout ce qui n'a rien de contraire à la présente loi.

ART. 22. — Demeurent interdites, sous réserve des dispositions de l'article 2 de la présente loi, pendant toute la durée des hostilités, toutes instances, toutes procédures d'exécution à l'égard des fermiers, métayers ou preneurs de biens ruraux mobilisés.

La présente loi, délibérée et adoptée par le Sénat et par la Chambre des députés, sera exécutée comme loi de l'Etat.

Fait à Paris, le 17 août 1917.

R. POINCARÉ.

Par le Président de la République :

Le Ministre de l'Agriculture,
Fernand DAVID.

Le Garde des Sceaux, Ministre de la Justice,
René VIVIANI.

EXPOSÉ PRÉLIMINAIRE

La loi, dont le texte précède, édicte les dispositions exceptionnelles auxquelles sont soumis les baux ruraux *antérieurs* au 1ᵉʳ août 1914, sans préjudice des règles édictées par le droit commun ou par les conventions.

Il est de toute évidence que par ce mot *Baux ruraux*, il faut entendre non seulement les baux écrits, mais encore les locations verbales

Les baux ruraux *postérieurs* au 1ᵉʳ août restent uniquement régis tant par les conventions qui ont présidé à leur conclusion que par le droit commun.

Cependant, la loi apporte à cette dernière règle une exception au profit : 1° des réfugiés des départements envahis ; 2° des preneurs ruraux appelés sous les drapeaux ou engagés postérieurement au 1ᵉʳ août 1914, ou de leurs ayants droit, lesquels pourront invoquer le bénéfice de la loi du 17 août 1917, pour des baux ruraux postérieurs au 1ᵉʳ août 1914.

Dans le but de donner à nos observations le plus de clarté possible, nous les diviserons en quatre parties, en suivant autant que possible l'ordre des numéros des articles de la loi.

La première partie comprendra tant les cas de résiliation que celui de remise ou réduction sur les fermages ou redevances ; la deuxième partie aura trait à la constitution des commissions arbitrales ; dans la troisième partie seront examinées les règles de procédure à suivre devant ces commissions, et enfin la quatrième partie se composera des formules des divers actes et décisions relatifs à l'exécution de cette procédure.

PREMIÈRE PARTIE

Résiliation et remise ou réduction de fermages (Art. 2 à 8)

§ 1ᵉʳ. — Résiliation

PREMIER CAS. — *Preneur d'un bien rural tué à l'ennemi ou décédé des suites de blessures reçues ou de maladie contractée ou aggravée sous les drapeaux.* (Art. 2, alinéa 1ᵉʳ.)

Les héritiers du preneur peuvent demander au bailleur, *même mobilisé*, la résiliation du bail, en observant les formalités suivantes, savoir :

1° Lettre du preneur au bailleur demandant cette résiliation ;

2° Déclaration de cette demande sur un registre spécial, tenu au greffe de la justice de paix du canton, de la situation des biens, signée par les héritiers du preneur et le greffier (formule n° 1) ;

3° Envoi, sous forme de lettre recommandée, avec avis de réception, au bailleur, par les soins du greffier qui en sera l'expéditeur, de la lettre dont il est parlé plus haut.

Lorsque le preneur aura laissé plusieurs héritiers, obligés solidairement par les termes d'un bail écrit, la lettre et la déclaration pourront n'être signées que par un seul d'entre eux.

Dans le cas contraire, c'est-à-dire si ces héritiers ne sont pas solidaires, il nous paraît prudent de revêtir lesdites lettre et déclaration des signatures de chacun d'eux.

Cette déclaration doit être faite, *sous peine de forclusion*, dans les trois mois qui suivront la promulgation de la loi, ou le décès, ou bien l'avis officiel de décès, suivant que le décès est antérieur ou postérieur à la promulgation de la loi.

Il n'est point dérogé à l'article 6 de la loi du 18 juillet 1889.

Cet article est ainsi conçu :

« La mort du bailleur de la métairie ne résout pas le bail à colonat. Ce bail est résolu par la mort du preneur ;

la jouissance des héritiers cesse à l'époque consacrée par l'usage des lieux pour l'expiration des baux annuels. »

DEUXIÈME CAS. — *Preneur mis en état de réforme et dans l'impossibilité de continuer son exploitation.* (Art. 2, alinéa 4.)

Le preneur qui, par suite de blessures reçues ou de maladie contractée ou aggravée sous les drapeaux, a été placé dans la position de réforme et n'est plus en état de continuer l'exploitation de l'immeuble loué, peut demander la résiliation de son bail au bailleur, *mais seulement si ce dernier n'est pas mobilisé*, sous les conditions, et en observant les forme et délai ci-après relatés :

Il devra justifier : 1° de sa mise en réforme ; 2° de son état le mettant dans l'impossibilité de continuer son exploitation.

La production du certificat délivré par l'autorité militaire démontrera d'une façon certaine sa mise en réforme.

Quant à l'impossibilité de continuer l'exploitation, il en sera justifié par la production d'un certificat médical, dont la valeur probante sera appréciée souverainement par la Commission arbitrale.

Le preneur pourra aussi, en cas d'insuffisance du certificat médical, recourir à la preuve testimoniale.

La déclaration devra être faite dans la même forme que dans le premier cas. En outre, elle devra être faite, à peine de forclusion, dans le délai de trois mois à partir de la promulgation de la loi, ou de la date de la mise en réforme, suivant que la réforme est antérieure ou postérieure à la loi.

TROISIÈME CAS. — *Preneur n'ayant jamais été sous les drapeaux, atteint de blessures ou de maladie provenant de faits de guerre et mis dans l'impossibilité de continuer l'exploitation de l'immeuble loué.* (Art. 2, alinéa 5, n° 1.)

Dans ce cas, la justification de l'impossibilité de continuer l'exploitation devra être rapportée et la déclaration devra être faite en la même forme qu'il est dit dans le cas précédent.

Cette déclaration sera souscrite, à peine de forclusion, dans le délai de six mois à dater soit de la promulgation de la loi, soit du jour où l'incapacité est devenue définitive, suivant que cette incapacité est antérieure ou postérieure à la loi.

QUATRIÈME CAS. — *Veuve ou héritiers du preneur, n'ayant jamais été présent sous les drapeaux, décédé par suite de blessures ou de maladie provenant de faits de guerre.* (Art. 2, alinéa 5, n° 2.)

La faculté accordée au preneur dans le cas qui précède existe au profit de sa veuve ou de ses héritiers.

La justification de la cause du décès sera faite de la même façon, c'est-à-dire au moyen de la production d'un certificat médical la constatant, ou, à défaut, par le rapport de la preuve testimoniale.

Quant au délai, il est fixé à trois mois à compter du jour du décès.

Dans ces deux derniers cas, le bailleur ne doit pas, comme dans le deuxième cas, être mobilisé.

Indemnité de résiliation. (Art. 2, alinéa 6.) — Dans les quatre cas qui précèdent, la résiliation aura lieu, en principe, de plein droit et sans indemnité.

Exception à ce principe. (Art. 2, alinéa 7.) — Toutefois, la Commission pourra fixer une indemnité, en tenant compte de la situation de fortune des parties, si le propriétaire établit qu'il avait effectué dans les lieux loués des aménagements exceptionnels, qu'il devait amortir par la durée et le prix du bail.

CINQUIÈME CAS. — *Femme, enfants, ou, à leur défaut, ascendants des preneurs, appelés sous les drapeaux, dont la disparition a été officiellement constatée.* (Art. 3.)

La déclaration sera faite dans la même forme que celle indiquée pour les cas précédents, *même, pensons-nous, au bailleur mobilisé.* Son délai est fixé, à peine de forclusion, dans les six mois de la promulgation de la loi ou de l'avis officiel de disparition donné par le Ministre de la Guerre, suivant que cette disparition est antérieure ou postérieure à la promulgation de la loi. La résiliation, dans ce cas, sera prononcée *sans indemnité.*

Sixième Cas. — *Preneur mobilisé, ayant été victime de blessures ou de maladie contractée sous les drapeaux, ou, sans être mobilisé, ayant été victime de faits de guerre, de retour dans ses foyers*, après la cessation des hostilités, *et n'étant plus en état de continuer son exploitation.* (Art. 4.)

Même forme de déclaration que dans les cas précédents.

Elle sera faite dans les six mois qui suivront le retour dans ses foyers.

En cas de contestation, le preneur devra justifier, de la même façon qu'il est dit précédemment, de son état d'impossibilité de continuer son exploitation.

Dans l'hypothèse du retour dans ses foyers, avant la fin des hostilités, le preneur qui n'a jamais été mobilisé retombera dans le troisième cas, et le délai pour la déclaration courra alors à partir de la promulgation de la loi ou du jour où son incapacité est devenue définitive, sans qu'il puisse se prolonger d'une nouvelle période de six mois, à compter de la fin des hostilités, pour le cas où cet événement se produirait avant l'expiration du premier délai.

Effet de la résiliation. (Art. 2, § 8.) — La résiliation aura son effet à l'expiration d'un terme d'usage, en observant les délais ordinaires des congés, sans que ceux-ci puissent excéder une année.

§ 2. — Remise ou réduction sur les fermages ou redevances échus pendant la guerre et dans l'année qui suivra les hostilités, au profit de tout preneur de bien rural, mobilisé ou non, ayant subi du fait de la guerre des pertes entraînant un déficit dans l'ensemble de son exploitation.

Pour obtenir cette remise ou réduction, le preneur n'aura pas à faire la déclaration prescrite pour les cas de résiliation ; il se conformera uniquement aux règles de procédure ci-après tracées.

Il n'aura pas, non plus, de délai à observer.

Il devra justifier, tant par ses livres que par la preuve testimoniale, des pertes ayant entraîné un déficit dans l'ensemble de son exploitation.

La Commission arbitrale statuera et il lui sera loisible, si elle le juge à propos, de commettre un expert, dispensé du serment, si les parties y consentent, chargé de faire un rapport à l'effet d'évaluer le déficit.

L'affaire étant en dernier ressort, le rapport sera oral. ou fait sur une note.

Baux à colonat partiaire ou métayage. (Art. 6.) — Les dispositions de la loi s'appliquent aux baux de cette nature, sans préjudice des dispositions de l'article 6, alinéa 2, de la loi du 18 juillet 1889 (voir cet article à la fin du premier cas de résiliation), en tant qu'elles auraient pour effet de mettre fin au bail à une date *antérieure* à celle fixée par la loi (voir plus haut : Effet de la résiliation).

Baux de pêche ou de chasse. — Locations consenties à des particuliers ou à des sociétés de pêche ou de chasse sur les fleuves, rivières, canaux, qu'ils soient ou non navigables ou flottables, et sur les ruisseaux, lacs, mares et étangs. (Art. 7.) — Les contrats de cette nature sont aussi admis au bénéfice des dispositions de la loi.

Spécialement, les baux de pêche pourront être prorogés par la Commission arbitrale aux conditions de ces baux. pour un délai qui ne pourra dépasser la durée des hostilités.

Disposition édictant une exception à la règle posée en l'article 1er de la loi. (Art. 8.) — On a vu que l'article 1er décide que les baux ruraux antérieurs au 1er août 1914 seront régis par les dispositions exceptionnelles de la loi du 17 août 1917, *sans préjudice des règles édictées par le droit commun ou les conventions.*

L'article 8 de la loi stipule une exception à cette dernière restriction en ce qui a trait aux conventions, puisqu'il déclare que les clauses du bail qui seraient contraires aux dispositions de la loi ne feront pas obstacle à ce qu'il soit résilié sans indemnité (quand bien même il en aurait été stipulé une, en cas de résiliation) et ne pourront avoir pour effet de retarder l'époque où il prendra fin (quand bien même un délai supérieur à celui fixé plus haut (effets de la résiliation) aurait été stipulé dans le bail.

Prescription édictée contre le bailleur. (Art. 10.) — A défaut par le bailleur de contester dans le mois de la réception de la lettre recommandée ou de la déclaration au Greffe, prévue ci-devant, la demande de résiliation faite par le preneur sera acquise à ce dernier de plein droit.

DEUXIÈME PARTIE

Institution de Commissions arbitrales.— Composition de ces Commissions. — Tirage au sort. — Récusation, absence ou empêchement. — Indemnité de séjour et de déplacement (Art. 9, 10, alinéas 1, 11, 12, 13 et 14) (Formules 5 et 13).

Nous croyons utile de faire les remarques suivantes :

Un seul suppléant par liste de propriétaires ou de fermiers sera tiré au sort, après que les noms des assesseurs titulaires auront été extraits de l'urne.

L'article 13 dit qu'en cas d'absence, d'empêchement ou de récusation de l'un des assesseurs, il sera procédé à la nomination d'un nouveau suppléant dans les formes de l'article 11. Ce dernier remplacera évidemment l'ancien suppléant de sa catégorie, lequel deviendra assesseur, en remplacement de l'assesseur titulaire primitif, absent, empêché ou récusé.

Dans l'hypothèse de l'absence d'un assesseur, la séance sera suspendue jusqu'à l'arrivée du nouveau suppléant, nommé et convoqué d'urgence par le Juge de paix.

Dans celles de l'empêchement ou de la récusation, qui peuvent ne s'appliquer qu'à l'une des affaires inscrites au rôle, la Commission jugera les autres affaires, s'il y en a, en attendant l'arrivée du nouveau suppléant.

Il semble donc indispensable à la validité des décisions (d'après les termes de l'article 13, alinéa 2) *qu'avant l'ouverture des débats*, pour chaque affaire, la Commission soit composée non seulement des quatre assesseurs, mais encore de deux suppléants, lesquels remplaceront d'office, *au cours des débats*, le ou les assesseurs dans l'impossibilité de prendre part au vote, soit par suite de mort foudroyante ou de maladie grave, et sans que, dans ce cas seulement, il y ait lieu à nomination d'un nouveau suppléant.

Le serment et l'affirmation prescrits par l'article 13, alinéa 4, devra être prêté, avant l'ouverture de la séance, et par les assesseurs, et par les suppléants, qui, même s'ils ne sont pas appelés à prendre part au vote, assisteront à tous les débats.

Toutes les dispositions édictées contre les assesseurs par la loi seront applicables aux suppléants.

Le Président de la Commission n'ayant pas la franchise postale avec les membres titulaires ou suppléants de la Commission, convoquera ceux-ci aux sessions par l'intermédiaire des maires des communes dont ils sont les élus.

Il ordonnancera sur les frais de justice les frais de transport et de séjour qui leur seront dus, et qui sont les mêmes que ceux prévus pour les membres du jury criminel. (Voir ci-après le tarif [1] et la formule n° 11.)

La Commission dira dans sa décision qu'elle statue à la *majorité*. Elle se gardera de statuer à *l'unanimité*, malgré qu'elle se serait produite, l'emploi de ce mot pouvant être considéré comme une violation du secret des délibérations judiciaires.

Les fonctions de secrétaire de la Commission sont dévolues au Greffier de la Justice de paix du canton. (Art. 14.)

Ses émoluments sont ceux fixés, en matière prud'homale, par la loi du 27 mars 1907.

Ce sont les suivants, savoir :

Convocation par simple lettre devant le bureau de conciliation : quinze centimes (0.15) ;

Convocation par lettre recommandée, avec avis de réception, devant le bureau de jugement (Commission arbitrale) : soixante-quinze centimes (0.75) ;

---

(1) *Indemnités aux jurés*. — Il est accordé aux membres du jury criminel, s'ils le requièrent, une indemnité de déplacement de dix centimes par kilomètre parcouru en allant et autant pour le retour, lorsqu'à raison des fonctions qu'ils doivent remplir, ils sont obligés de se transporter à plus de deux kilomètres de leur résidence.

Les membres du jury criminel reçoivent également, dans ce cas, si toutefois ils le requièrent, pendant la durée de la session et pour chaque journée, une indemnité de séjour : A Paris, de dix francs ; dans les villes de 40.000 habitants et au-dessus, de huit francs ; dans les autres villes, de six francs. (Loi du 19 mars 1907 et décret du 12 avril 1907.)

Par chaque rôle d'expédition qu'ils livreront et qui contiendra vingt lignes à la page et douze syllabes à la ligne en moyenne : quarante centimes (0.40) ;

Pour l'expédition, si elle est requise, du procès-verbal de non-conciliation et qui ne contiendra que la mention sommaire que les parties n'ont pu s'accorder : quatre-vingts centimes (0.80) ;

Les frais de papier, de registre, d'expédition ou autres, seront à la charge du secrétaire.

Le secrétaire touche directement des parties les droits qui lui sont alloués, même ceux provenant des expéditions qu'il délivre.

TROISIÈME PARTIE

Procédure

§ 1ᵉʳ. — Préliminaires de conciliation. (Art. 10, alinéa 2.)

Le préliminaire de conciliation, en cas de contestation, prévu par l'article 17 de la loi du 26 mai 1838, modifiée par celle du 2 mai 1855, aura toujours lieu devant le Juge de paix.

Ce magistrat siégera seul, ainsi que dans les autres affaires en conciliation portées devant le bureau de conciliation.

L'avertissement est écrit sur papier libre. L'affranchissement est acquitté par l'expéditeur. (Art. 20.) (Voir formule 2.)

En cas de conciliation, un procès-verbal pourra être dressé. Il en sera de même en cas de non-conciliation.

Le procès-verbal de conciliation sera rédigé en la même forme qu'en matière ordinaire.

§ 2. — Procédure devant la Commission arbitrale. (Art. 10 (alinéas 3. 4 et 5), 15, 16, 17, 18, 19, 20, 21 et 22.)

L'acte introductif d'instance, dans le cas où le préliminaire de conciliation a échoué, est une lettre recommandée avec avis de réception, adressée par le bailleur, en cas de résiliation, ou par le preneur, en cas de demande de remise ou réduction de fermages, pour le défendeur entendre statuer sur la demande faite par le demandeur. (Voir formule 3.)

A défaut d'avis de réception, il y aura lieu de citer le défendeur par exploit d'huissier. Il en sera de même pour les témoins, s'il en est appelé. (Voir formule 4.)

Les décisions rendues par défaut seront signifiées, dans les trois jours de leur date, par lettre recommandée avec avis de réception du Greffier. Cette disposition semble être impérative pour le Greffier. L'opposition, s'il y a lieu, sera formée au Greffe de la Justice de paix, dans la quinzaine de la date de l'avis de réception de la lettre recommandée signifiant le jugement, par une déclaration rédigée par le Greffier, signée de lui et de l'opposant et inscrite sur le registre prescrit par l'article 19. (Voir formule 17.)

Cette opposition sera notifiée à la partie adverse par lettre recommandée sans avis de réception. (Voir formule 18.)

Pour faire revenir l'affaire sur opposition devant la Commission arbitrale, l'opposant devra, après s'être enquis de la date de la prochaine session, faire adresser par le Greffier une nouvelle citation pour cette date, à l'effet d'entendre statuer sur le mérite de l'opposition, au moyen d'une lettre recommandée avec avis de réception. (Voir formules 3 et 4 utilement modifiées.)

Les décisions de la Commission comporteront la formule exécutoire. Elles seront donc de réels jugements. (Voir formule 14.)

Les pouvoirs conférés aux tribunaux en matière d'autorisation maritale seront dévolus aux Juges de paix pour l'application de cette loi. Ces pouvoirs sont les suivants :

Code de procédure, art. 863

Dans le cas de l'absence présumée du mari, ou lorsqu'elle aura été déclarée, la femme qui voudra se faire autoriser à la poursuite de ses droits, présentera une requête au Président du Tribunal........

Loi du 2 juillet 1915

ARTICLE PREMIER. — La femme mariée qui sera dans l'impossibilité dûment constatée d'obtenir l'autorisation maritale par suite de la guerre, se pourvoira de l'autorisation de justice, conformément à l'article 863 du Code de procédure civile.

ART. 2. — La mère exercera provisoirement la puissance paternelle à défaut du père empêché pour la cause ci-dessus énoncée.

ART. 3. — La présente loi ne sera applicable que dans les cas d'urgence reconnus par la justice. (Voir formule 13.)

Au sujet de l'article 17, il convient de constater :

1° Que la femme, commune légalement ou conventionnellement en biens, qui s'est engagée, par écrit, solidairement avec son mari, est, d'après la loi, vis-à-vis des tiers, caution de ce dernier, même si elle a renoncé à la communauté.

2° Qu'il n'y a de solidarité entre les héritiers d'une personne décédée que si ce dernier a obligé, par écrit, ces derniers, après lui. solidairement entre eux.

D'après les deux premiers alinéas de l'art. 17, la caution, le ou les preneurs solidaires bénéficieront de la décision rendue à l'égard du débiteur principal, pour la caution, et à celui d'un ou plusieurs d'entre les preneurs solidaires, pour tous ces derniers. Et pourtant le troisième alinéa de l'art. 17 stipule que s'il y a une caution ou des preneurs solidaires, la décision ne pourra être rendue par la Commission qu'eux dûment appelés ou représentés. Ces dispositions ne sont contradictoires qu'en apparence, car nous pensons que l'art. 17 doit être interprété dans le sens ci-après :

Si la Commission, dans l'ignorance de l'existence d'une caution, ou d'autres preneurs solidaires que ceux figurant dans l'instance, a rendu une décision dans laquelle ne figureraient pas, ou cette caution, ou tous les preneurs solidaires, cette décision restera valable, malgré l'irrégularité commise, et profitera à la caution ou aux preneurs solidaires, non parties à l'instance.

Mais lorsque les documents de la cause ou les dires des parties auront fait connaître à la Commission l'existence d'une caution, ou d'autres preneurs solidaires que ceux figurant dans l'instance, il est du devoir de ladite Commission arbitrale de les faire appeler à l'instance avant de rendre sa décision.

Pourvoi en Cassation. — L'article 18, relatif aux formalités et aux délais concernant le pourvoi en cassation, présente d'assez sérieuses difficultés pour sa compréhension, même pour les vieux procéduriers.

Nous allons essayer de présenter ses dispositions sous une forme plus explicite.

La loi des 2 mai et 3 juin 1862, article 1er, décide qu'en matière ordinaire le délai pour le pourvoi contre un jugement par défaut ne court qu'à partir du jour de l'expiration du délai extrême pour former opposition.

D'autre part, l'article 21 de la loi du 17 août 1917 décide que les règles de procédure en Justice de paix sont applicables à cette dernière loi, en ce qu'ils ne lui ont rien de contraire.

Ces principes étant posés, il y a lieu de distinguer si la décision a été rendue par défaut ou si elle a été contradictoire.

En cas de décision par défaut, le pourvoi ne peut être formé qu'après l'expiration du délai pour faire opposition, qui est de quinze jours à compter de la date de l'avis de réception de la signification de la décision par lettre recommandée, et qui aura été faite d'office par le Greffier. Ce délai ne peut, ce nous semble, être concomitant avec celui édicté pour la formation du pourvoi.

Le délai pour former le pourvoi est de quinze jours à partir de l'expiration du délai fixé pour former opposition.

En cas de décision contradictoire, la partie qui voudra former un pourvoi devra signifier la décision en la même forme et dans le même délai (trois jours à compter de la décision) que pour les décisions par défaut, pour faire courir le délai de pourvoi. (Voir formule 15.)

Ce délai sera aussi de quinze jours à compter de l'avis de réception de la signification par lettre recommandée du Greffier.

Le pourvoi sera formé par déclaration au Greffe de la

Justice de paix, inscrite sur le registre spécial. (Voir formule 19.)

Il sera notifié, à peine de déchéance, par exploit d'huissier, dans la quinzaine du jour où il aura été formé.

Dans la quinzaine de cette dernière notification, les pièces seront adressées par le Greffier à la Cour de cassation. Aucune amende ne sera consignée.

Tous les actes d'une nature quelconque, décisions et formalités auxquelles donnera lieu l'exécution de la loi, seront mentionnés sur un registre sur papier non timbré, coté et paraphé par le Président.

L'inobservation de l'une des formalités prescrites sera de nature à motiver le pourvoi en cassation.

Tous les actes de procédure, y compris l'avertissement en conciliation, seront visés pour timbre et enregistrés gratis. Ils porteront la mention expresse qu'ils sont faits en exécution de la loi du 17 août 1917.

Les règles de la procédure en Justice de paix sont applicables à la juridiction des Commissions arbitrales, en tout ce qui n'a rien de contraire à celles édictées par la loi.

La loi se termine par l'article 22 ainsi conçu : « Demeurent interdites, sous réserve des dispositions de l'article 2 de la loi, pendant toute la durée des hostilités, toutes instances, toutes procédures d'exécution à l'égard des fermiers, métayers ou preneurs de biens ruraux mobilisés. »

Or, il n'est question dans cet article que du preneur mobilisé réformé, dont le cas a été commenté sous le numéro deuxième.

D'où il faut conclure que le réformé n° 1, n° 2 ou temporaire est considéré, en la présente loi, comme mobilisé proprement dit.

QUATRIÈME PARTIE

Formules

FORMULE N° 1

Déclaration au Greffe pour demander la résiliation
(1ᵉʳ, 2ᵉ, 3ᵉ, 4ᵉ, 5ᵉ et 6ᵉ cas)

L'an mil neuf cent........, le........,

Au Greffe de la Justice de paix du canton de...... (département d........),

Dev.nt nous, ..., Greffier de la Justice de paix, s'est présenté :

M. .... (nom, prénoms, profession et domicile du preneur),

Lequel nous a déclaré que par lettre en date du ...., signée de lui, adressée à M. .... (nom, prénoms, profession et domicile du bailleur), il demande la résiliation (ou du bail s. s. p. en date du ...., enregistré, ou de la location verbale) que lui a consenti ledit sieur (bailleur), d'immeubles sis au territoire de ...., moyennant le canon annuel de........

En conséquence, et conformément à la loi du 17 août 1917, il nous a remis cette lettre et nous a requis de l'expédier, sans délai, sous forme de lettre recommandée, avec avis de réception, à son destinataire.

Dont acte,

Que le comparant a signé avec nous après lecture.

(*Nota.* — L'expéditeur de la lettre sera le Greffier et non le déclarant. — L'avis de réception sera conservé par le Greffier.)

Cette déclaration est inscrite sur le registre spécial prescrit par l'art. 19.

Coût, 0 fr. 85, y compris l'affranchissement, tant pour la déclaration que pour l'expédition de la lettre recommandée. (Voir l'observation après la formule 3 ci-après.)

FORMULE N° 2

Convocation en conciliation par simple lettre. (Art. 10.)

Même formule qu'en matière de Justice de paix.

La convocation est faite par le bailleur en cas de demande en résiliation, et par le preneur en cas de demande en remise ou réduction de fermages.

Avoir bien soin d'indiquer la nature de la demande.

Le papier sera visé pour timbre gratis.

Coût, 0 fr. 15. (L'affranchissement a lieu par les soins de l'expéditeur.)

FORMULE N° 3

*Convocation ou citation par lettre recommandée, avec avis de réception
du Greffier, devant la Commission arbitrale*

........., le........ 191..

A la requête de (bailleur en cas de résiliation, preneur en cas
de remise ou réduction de fermages),

Le Greffier du canton de ....

Invite (preneur ou bailleur, suivant le cas) à comparaître
le .... 191.., à .. heures du........, au prétoire de la
Justice de paix, séant à........, par devant les président et
membres de la Commission arbitrale du canton de ....,

Pour entendre statuer sur la demande de résiliation faite par
son fermier, le........ 191.., au Greffe de la Justice de paix,
et dont il a reçu antérieurement communication, ou bien sur
demande en remise ou réduction de fermages, qu'il se propose
de lui intenter, suivant le cas.

Lui déclarant qu'en cas de défaut, il sera cité par exploit
d'huissier à une audience ultérieure de la Commission.

Le Greffier,

Coût, 0 fr. 85, y compris les frais d'affranchissement, augmentés de
0 fr. 10 depuis la promulgation de la loi de 1907 (0 fr. 05 pour la
recommandation et 0 fr. 05 pour l'avis de réception).

FORMULE N° 4

*Convocation ou citation à témoin par L. R., avec A. R., devant la
Commission arbitrale. (Art. 10.)*

Même formule qu'au numéro précédent

A l'alinéa 3, modifier ainsi : Pour être entendu, en qualité
de témoin, dans l'instance en (résiliation, ou remise, ou réduction), intentée par M. .... contre M. ...., conformément à la loi du 17 août 1917.

Alinéa 4 : Lui déclarant .... (comme en la formule) et
qu'il sera taxé conformément à la loi, s'il le requiert.

Le Greffier,

Coût, 0 fr. 85 au Greffier.

Nota. — Pour la taxe des témoins, la loi ne se réfère pas au tarif de la loi du 27 mars 1907 ; c'est donc le tarif ordinaire en Justice de paix qui est applicable.

FORMULE N° 5

Convocation des membres de la Commission arbitrale. (Art. 10.)

. ..., le .... 191..

Le Juge de paix, président de la Commission arbitrale du canton de ....

A l'honneur de prier M. ...., membre (titulaire ou suppléant) de ladite Commission, désigné par le sort, lors du tirage qui a eu lieu à l'audience publique de la Justice de paix du canton de ...., le .... 191...

A assister, le .... 191.., dès les .. heures du ...., et jours suivants s'il y a lieu, au prétoire de la Justice de paix, séant à ...., à la session de la Commission arbitrale.

Ce dernier est avisé qu'il recevra une indemnité de déplacement et de séjour égale à celle fixée en faveur des membres du jury criminel, et qu'en cas de non comparution sans excuse valable, il pourra être condamné par le Tribunal correctionnel de .... à une amende de 100 à 300 fr.

Le Président,

Pris communication.

............, le .... 191..

L'intéressé (signature),

Soit transmis à M. le Maire de la commune de ...., avec prière de bien vouloir communiquer à l'intéressé et retourner avec la mention signée par le destinataire. Les frais de transport et de séjour seront taxés sur elle par le Président.

FORMULE N° 6

Procès-verbal de tirage au sort des assesseurs et des suppléants

L'an mil neuf cent dix......, le .... 191..,

A l'audience publique de la Justice de paix,

Nous, Juge de paix, président, etc., assisté de M. ...., greffier, secrétaire de ladite Commission,

En vue de constituer la Commission arbitrale du canton de ...., dont la session s'ouvrira le .... 191.., avons procédé au tirage au sort des membres appelés à composer la Commission.

Après avoir inscrit sur des bulletins les noms des propriétaires ruraux et des fermiers choisis par les conseils municipaux de chaque commune, nous avons déposé dans une première urne les bulletins des noms des propriétaires et dans une seconde les bulletins des noms des fermiers.

De la première urne (propriétaires) sont sortis les noms suivants :

1° M. ....

2° M. ....

3° M. ....

Nous avons proclamé assesseurs MM. .... (n°ˢ 1 et 2) et suppléant M. .... (n° 3).

De la deuxième urne (fermiers) sont sortis les noms suivants :

1° M. ....

2° M. ....

3° M. ....

Nous avons proclamé assesseurs MM. .... (n°ˢ 1 et 2) et suppléant M. .... (n° 3).

Nous avons, en conséquence, déclaré constituée la Commission arbitrale.

Dont procès-verbal que nous avons signé après lecture avec le Greffier.

(Modifier utilement dans le cas où il n'y a lieu à tirer au sort que le nom d'un nouveau suppléant. Les noms de ceux déjà sortis ne seront pas, naturellement mis dans l'urne.)

Ce procès-verbal est transcrit par le Greffier sur le registre. Aucune rémunération ne lui est due.

FORMULE N° 7

Récusation des assesseurs. (Art. 12.)

L'an ...., le .... 191 .

Nous, Juge de paix du canton de ....

Vu la récusation formulée par le sieur .... à la date du .... et déposée au Greffe de la Justice de paix contre M......, désigné comme assesseur de la Commission arbitrale, devant siéger le .... 191 , pour le motif que ....

Considérant ....

Considérant qu'en conséquence, le sieur .... rentre ou ne rentre pas dans l'un des cas visés par l'art. 12 de la loi,

Agréons ou repoussons la demande en récusation formulée (en cas d'agrément, ajourner la session).

Fait et signé par nous, en notre cabinet, les an, mois et jour susdits.

Le Juge de paix,

A inscrire sur le registre, sans rémunération pour le Greffier.

Nota. — En cas de récusation, de même qu'en cas d'absence ou d'empêchement de l'un des assesseurs, il y a lieu de procéder à la nomination d'un nouveau suppléant, l'ancien remplaçant d'office l'assesseur récusé, et ce, en la même forme que ci-dessus. (Formule 6.)

FORMULE Nᵒ 8

Décision du Président sur les causes d'empêchement proposées par les assesseurs. (Art. 13.)

Même formule que la précédente. Supprimer le premier alinéa : Vu ...., etc....., considérer les causes d'empêchement invoquées, les agréer ou les rejeter.

Mêmes observation et note qu'à la fin de la formule précédente.

FORMULE Nᵒ 9

Constatation de la non-comparution de l'un des assesseurs

L'an ...., le .... 191.., à .. heures du ......
Nous, Juge de paix, président, etc....., avons constaté que M........, assesseur de la Commission arbitrale du canton de ...., convoqué par notre lettre en date du ...... 191.., à assister à la session de la Commission devant s'ouvrir les an, jour, lieu et heure, n'a pas répondu à cette convocation (prétextant par lettre du ...... 191.., à nous parvenue le ...... que, etc..., ou bien, sans fournir la raison de son absence).

En conséquence, nous avons suspendu la session, jusqu'à ce qu'un nouveau suppléant ait été désigné par le sort.

Avis de cette absence sera adressé à M. le Procureur de la République, pour telles suites que de droit.

Fait au prétoire, les an, mois, jour, lieu et heures susdits.

Le Président,

A inscrire sur le registre, sans rémunération.

FORMULE N° 10

Prestation de serment par les assesseurs et les suppléants. (Art. 13.)

L'an mil ...., le .... 191.., à .. heures du ......, au prétoire de la Justice de paix,

Par devant nous, ..., Juge de paix, président de la Commission arbitrale du canton de ...., assisté de ......, greffier, secrétaire,

Ont comparu :

1° M........, assesseur propriétaire ;
2° M........,   id.   id.
3° M........, suppléant   id.

Et :

1° M........, assesseur fermier ;
2° M........,   id.   id.
3° M........, suppléant   id.

Lesquels ont déclaré, en réponse à la convocation que nous leur avons adressée, pour ces jour, heure et lieu, se présenter pour assister à la session de la Commission arbitrale, qu'ils ont été appelés par le sort, à composer avec nous et notre Greffier et vouloir, avant d'entrer en fonctions, prêter le serment prescrit par la loi.

Déférant à cette réquisition, nous avons reçu séparément de chacun d'eux le serment, en la forme légale, de remplir leurs fonctions avec zèle et intégrité et de garder le secret des délibérations.

Ils nous ont affirmé également, sous la foi du serment, qu'il n'existe, à leur connaissance, aucune des causes de récusation prévues par l'art. 12 et pouvant leur être opposées.

Ce dont nous leur avons donné acte.

Dont procès-verbal, que les comparants ont signé avec nous et le Greffier, après lecture.

A consigner sur le registre, sans rémunération pour le Greffier.

FORMULE N° 11

Indemnité de déplacement et de séjour à mandater au profit des assesseurs. (Art. 13.)

Taxe à inscrire sur la lettre de convocation :
Taxé, sur sa réquisition, à M........, juré, domicilié dans la

commune d ...., canton d ...., arrondissement
d ...., la somme de ...., pour ...... kilomètres
parcourus, et celle de ...... francs pour ...... journée de
séjour, en exécution de l'art. 1er du décret du 12 avril 1907.
(Décret du 17 juillet 1908.)

A ...., le .... 191...

Le Président de la Commission arbitrale,

POUR ACQUIT :

Le Juré,

FORMULE N° 12

*Procuration sur papier libre, non sujette à enregistrement, à donner à
un membre de la famille, ou à un officier ministériel — autre qu'un
avoué, dans son ressort — à l'effet de se faire représenter devant
la Commission arbitrale. (Art. 16.)*

.... le .... 191...

Je soussigné ....

Constitue pour mon mandataire M........

Auquel je donne pouvoir de, pour moi et en mon nom, me
représenter devant la Commission arbitrale du canton de......,
au sujet de ma contestation avec M........ (indiquer la nature
de la contestation, et ce depuis les préliminaires de la conciliation, jusqu'à la pleine et entière exécution des décisions et
arrêts rendus).

Aux effets ci-dessus, passer et signer tous actes, élire domicile, substituer et en général faire le nécessaire.

Bon pour pouvoir.

(Signature.)

FORMULE N° 13

Demande d'autorisation maritale et ordonnance du Juge de paix
(Art. 16.)

........, le .... 191...

La soussignée .... a l'honneur de vous exposer que son
mari est absent du domicile conjugal ; qu'elle ignore où il se
trouve actuellement, ou qu'il est à .... mais qu'elle ne peut
correspondre avec lui ....

Qu'elle a un besoin urgent d'être autorisée à ester en justice
devant la Commission arbitrale du canton de ....,
au sujet de la contestation relative à .... (analyser
l'objet de la contestation), et quelle ne peut, en raison de
l'absence de son mari, être autorisée par ce dernier ;

En conséquence, elle vous requiert qu'il vous plaise de bien vouloir lui conférer cette autorisation, conformément à l'art. 863 du Code de procédure, à la loi du 3 juillet 1915, et à celle du 17 août 1917.

Et ferez justice.   (Signature.)

A Monsieur le Juge de paix du canton de ....

ORDONNANCE

Nous, Juge de paix du canton de ....

Vu la requête (ci-contre où qui précède) et les motifs y énoncés ;

Vu l'art. 863 du Code de procédure civile et les dispositions des lois du 3 juillet 1915 et du 17 août 1917 ;

Vu l'urgence ;

Autorisons la requérante à ester en justice devant la Commission arbitrale de notre canton, relativement à la contestation dont s'agit et, le cas échéant, exercer la puissance paternelle à défaut du père empêché.

Fait en notre cabinet, le .... 191...

Le Juge de paix,

Les deux formules ne sont pas sujettes à inscription sur le registre spécial.

FORMULE N° 14

Décision de la Commission à la majorité des voix. (Art. 16.)

Audience du .... 191.., de la Commission arbitrale du canton de ...., présidée par M. ...., Juge de paix.

Secrétaire : M........, Greffier de la Justice de paix.

Assesseurs :

1° M........, propriétaire ;

2° M........, id.

3° M........, fermier ;

4° M........, id.

Suppléants :

1° M........, propriétaire ;

2° M........, fermier.

Lesdits assesseurs ayant prêté le serment prescrit par la loi avant d'entrer en fonctions.

Entre ...., etc... (qualités, faits, considérants et dispositif comme dans les jugements ordinaires, sous cette réserve que les considérants doivent être sommaires.)

Décerner défaut, s'il y a lieu.

Par le dispositif, la Commission, à la majorité en dernier ressort (ne pas mentionner l'unanimité), prononce, ou la résiliation pure et simple, ou la résiliation avec indemnité — dans ce dernier cas, il y a condamnation — ou la remise des fermages, ou seulement leur réduction à une somme qu'elle fixe, ou la prorogation pour les baux de pêche, ou enfin le débouté. Elle renvoie les parties devant le tribunal compétent, s'il y a litige sur le fond du droit ou sur les qualités des parties.

Terminer ainsi : Ainsi prononcé en audience publique ou en chambre du Conseil, suivant le cas.

Cette décision est inscrite sur le registre spécial par le Secrétaire, sans émolument.

FORMULE No 15

Notification, dans les trois jours de sa date, de la décision rendue par défaut, faite d'office par le Greffier. (Art. 15.)

.........., le .... 191...

Le Greffier du canton de ...., conformément à l'article 15 de la loi du 17 août 1917,

Notifie d'office à M........ (partie défaillante)

La décision rendue par défaut contre lui, dans sa cause avec M........ (partie présente), le .... 191..., enregistrée, et dont le dispositif est ci-après transcrit :

(Transcrire le dispositif.)

Afin qu'il n'en ignore et à toutes autres fins utiles.

Le Greffier,

Coût : 0.85 au Greffier.

FORMULE No 16

Notification, dans les trois jours de sa date, de la décision contradictoire, à la requête de l'une des deux parties, pour faire courir le délai de pourvoi en cassation. (Art. 18.)

.........., le ...... 191...

A la requête de M........ (partie requérant la notification),

Le Greffier de la Justice de paix du canton de.............

Notifie à M........ (autre partie),

La décision rendue contradictoirement dans la cause d'entre eux, le .... 191.. et dont le dispositif est ci-après transcrit :

Transcrire littéralement le dispositif, etc., comme à la formule précédente.

Coût : 0.85 au Greffier.

FORMULE N° 17

Déclaration d'opposition à décision rendue par défaut, par acte au Greffe. (Art. 15.)

L'an ...., le .... 191...

Devant nous ...., Greffier de la Justice de paix du canton de ....

S'est présenté M........ (opposant).

Lequel a déclaré s'opposer à la décision rendue par défaut contre lui par la Commission arbitrale du canton de.........., le .... 191.., enregistrée, qui lui a été été signifiée par notre lettre recommandée du .... 191.., reçue par lui le .... 191...

De laquelle déclaration nous lui avons donné acte.

En outre, il nous a requis de notifier cette déclaration d'opposition par lettre recommandée.

Dont acte que le comparant a signé avec nous après lecture.

Aucune rémunération n'est due au Greffier pour cet acte. Comme toute peine vaut salaire, il nous semble qu'il sera juste de lui passer en taxe 0 fr. 25, minimum du salaire du secrétaire du Conseil des prud'hommes, fixé par la loi de mars 1907 pour la délivrance au Trésor d'extraits de jugement.

Récépissé est donné de cette déclaration.

FORMULE N° 18

Notification de la déclaration d'opposition par lettre recommandée (seulement) du Greffier. (Art. 15, alinéa 2.)

L'an ...., le .... 191..

A la requête de .... (opposant)

Le Greffier, etc.....

Notifie à M........ (partie adverse), que par acte au Greffe, en date du .... 191.. M........ (opposant) a déclaré faire opposition à la décision rendue par défaut par la Commission arbitrale du canton de ...., le .... 191.., dans la cause d'entre lui, défaillant, et M.........., partie adverse.

Afin qu'il n'en ignore et à toute fin utile.

Le Greffier,

Coût : 0.70. (L'avis de réception n'est point exigé par la loi.)

FORMULE Nº 19

Pourvoi en cassation par déclaration au Greffe dans les quinze jours qui suivront l'expiration des délais d'opposition, pour les décisions par défaut et pour les décisions contradictoires, dans les quinze jours de l'avis de réception de la signification, faite dans les trois jours de la décision, par lettre recommandée. (Art. 18.)

..........., le .... 191...

Devant nous ...., Greffier, etc.....

S'est présenté M...... (l'une ou l'autre des parties en cause),

Lequel a déclaré se pourvoir en cassation contre la décision rendue (par défaut ou contradictoirement, suivant le cas) par la Commission arbitrale du canton de ...., le ...... 191.., dans sa cause avec M........ (partie adverse),

De laquelle déclaration nous lui avons donné acte.

Dont acte que le déclarant a signé avec nous après lecture.

(Signature.)

Même observation qu'à la fin de la formule 16.

Besançon, imp. MILLOT frères